U0655108

算无遗策
——郭嘉策

◎◎ 主编 金开诚

◎◎ 编著 管宝超

吉林出版集团有限责任公司

吉林文史出版社

图书在版编目（CIP）数据

算无遗策——郭嘉/管宝超编著 . 一长春：吉林
出版集团有限责任公司，2011.4（2022.1 重印）
ISBN 978-7-5463-5020-2

Ⅰ . ①算… Ⅱ . ①管… Ⅲ . ①郭嘉（170 ~ 207）– 生
平事迹 Ⅳ . ① K827=36

中国版本图书馆 CIP 数据核字（2011）第 053470 号

算无遗策——郭嘉

SUANWU YICE GUOJIA

主编/ 金开诚 编著/管宝超
项目负责/崔博华 责任编辑/崔博华 高原媛
责任校对/高原媛 装帧设计/柳甬泽 徐 研
出版发行/吉林文史出版社 吉林出版集团有限责任公司
地址/长春市人民大街4646号 邮编/130021
电话/0431-86037503 传真/0431-86037589
印刷/三河市金兆印刷装订有限公司
版次/2011 年 4 月第 1 版 2022 年 1 月第 5 次印刷
开本/650mm×960mm 1/16
印张/9 字数/30千
书号/ ISBN 978-7-5463-5020-2
定价/34.80元

前　言

　　文化是一种社会现象，是人类物质文明和精神文明有机融合的产物；同时又是一种历史现象，是社会的历史沉积。当今世界，随着经济全球化进程的加快，人们也越来越重视本民族的文化。我们只有加强对本民族文化的继承和创新，才能更好地弘扬民族精神，增强民族凝聚力。历史经验告诉我们，任何一个民族要想屹立于世界民族之林，必须具有自尊、自信、自强的民族意识。文化是维系一个民族生存和发展的强大动力。一个民族的存在依赖文化，文化的解体就是一个民族的消亡。

　　随着我国综合国力的日益强大，广大民众对重塑民族自尊心和自豪感的愿望日益迫切。作为民族大家庭中的一员，将源远流长、博大精深的中国文化继承并传播给广大群众，特别是青年一代，是我们出版人义不容辞的责任。

　　本套丛书是由吉林文史出版社和吉林出版集团有限责任公司组织国内知名专家学者编写的一套旨在传播中华五千年优秀传统文化，提高全民文化修养的大型知识读本。该书在深入挖掘和整理中华优秀传统文化成果的同时，结合社会发展，注入了时代精神。书中优美生动的文字、简明通俗的语言、图文并茂的形式，把中国文化中的物态文化、制度文化、行为文化、精神文化等知识要点全面展示给读者。点点滴滴的文化知识仿佛颗颗繁星，组成了灿烂辉煌的中国文化的天穹。

　　希望本书能为弘扬中华五千年优秀传统文化、增强各民族团结、构建社会主义和谐社会尽一份绵薄之力，也坚信我们的中华民族一定能够早日实现伟大复兴！

目录

一、睿智少年
慎选明主

（一）生逢乱世却胸怀大志

郭嘉（170—207年），字奉孝，东汉颍川阳翟（今河南省禹州市）人。郭嘉生活的东汉末年，天下动荡不宁，外戚宦官交替专权，朝政黑暗腐败。184年，在他15岁时，爆发了波澜壮阔的黄巾大起义，农民起义沉重地打击了东汉王朝，从根本上瓦解了它的反动统治。然而，就在这

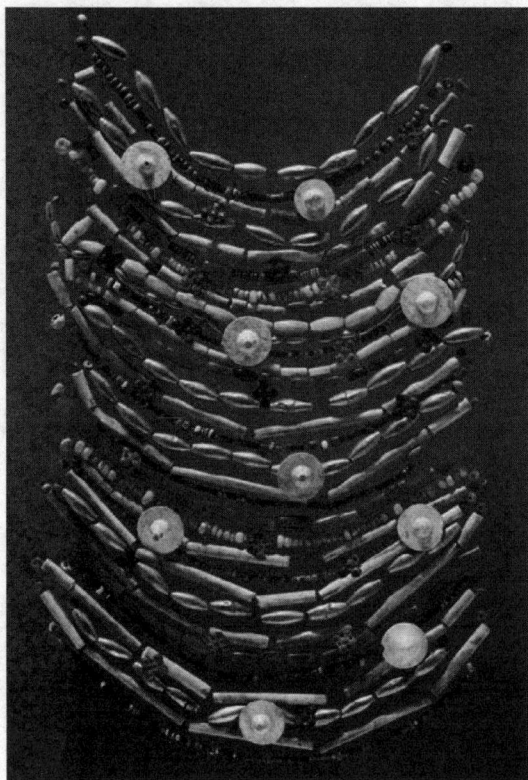

次大起义被残酷镇压下去之后，州郡牧守和世族豪强武装却乘机崛起，发展成为"大者连郡国，中者撄城邑，小者聚降陌"的大大小小的割据势力。他们相互吞并、烧杀抢掠，短短几年之间，就把黄河流域变成了一片荆棘丛生的荒原，给广大人民带来了深重的灾难。此后，东汉王朝虽竭尽全力镇压了农民起义，它自身却已

名存实亡了。

　　郭嘉在天下大乱的形势之下，自己在家里刻苦读书，掌握了广博的政治、军事和历史知识，他奉行法家的政治思想，行为果敢干练。郭嘉出生于汉灵帝年间，其政治活动主要在东汉少帝、献帝时期。在他的青少年时代，东汉王朝的统治日趋腐朽，外戚和宦官交替执政，农民起义风起云涌。而他的家乡颍川阳翟又是三国时期著名谋士的集散地，各路群雄营

帐中的谋略家大多源于此地。受当地文化氛围的熏陶和影响，郭嘉自年幼时就胸怀大志，他学习兵法韬略，与社会有志之士素有往来，期望着有朝一日能成就一番大的事业。

189年，都城洛阳又发生了惊天动地的大事变。大将军何进以辅政的身份，准备杀尽乱政的宦官。不料密谋泄露，宦官抢先动手，何进反而被杀。并州牧董卓带兵进京，专制朝政，胁迫大臣。又毒杀太后，擅自废立。在这种形势之下，190年，关东州牧、郡守纷纷起兵反抗，并推选袁绍做盟主，联合起来讨伐董卓。大约就在这个时候，为了显示自己的杰出才能，实现胸中的伟大抱负，郭嘉便走出家门，将视野投向纷乱的政治领域中，他注意观察社会政治形势，希望能够早日投靠英明的君主以实现自己建功立业的理想和抱负。

就在关东军兴起的时候，作为盟主

的袁绍声势颇为浩大，袁氏家族已是门生故吏遍布天下。其实袁绍本人早就怀有逐鹿问鼎的政治野心，所以他在起兵后曾问部下："天下将是我袁绍的呢，还是那董卓的呢？"关东豪强兴兵，表面上打着为国除奸的旗号，而在董卓西迁后，却不见关东军西进的举动，反而互相攻击、杀掠。192年，董卓被王允和吕布二人合谋除掉。董卓的部将李傕、郭汜、樊稠、张济等人攻入长安，杀死王允及长安百姓一万多人。吕布败退出关，郭汜、李傕二人后来也被其下属所杀，凉州军阀势力基本上被消灭。

（二）先奔袁绍而后投曹操

郭嘉出身低微，青年时就有强烈的尊法反儒思想，他做事情不拘礼法，从来不把儒家的礼仪规范放在眼里，同时他对因割据势力所造成的四分五裂的社会政治局面也极为不满。他在27岁那

年（196年），怀着统一中国的雄心壮志投奔袁绍。袁绍一家，在东汉时累世做大官，是东汉末年的头号世族大地主。在关东军离散之后，袁绍首先夺取了冀州，并在各地网罗贤才。当时袁绍占据冀、并、青、幽四州，成为最大的割据势力。郭嘉听说袁绍能够礼贤下士，又因为袁氏家族当时声名显赫，名噪一时，他便前往投靠，并期望能够一展宏图，实现自己的理想和抱负。于是，郭嘉便投靠了拥有冀州、并州、青州、幽州，雄踞河北的袁绍。袁绍接收下郭嘉以后，让他做了司空祭酒，实际上相当于军事参谋。袁绍在他割据境内疯狂地推行儒家路线，使豪强任意妄为，相互兼并，而广大下层民众却要承担繁重的租赋徭役，即使倾家荡产也不足以应命，在此形势下的人民可谓是苦不堪言。而且他还妄图称帝，便造谣说："现在国家分裂衰亡了，上天将要垂青于我，要让我做皇帝了。"同时，由于袁绍本人表面上看起来宽容随和，而实际上却有很强烈的猜忌心理，喜欢贤才却不能够正确地任用贤才。

郭嘉认清了袁绍尊儒反法的反动本质，认为他要成就一番霸业是很困难的，也根本不可能完成统一全国的重任。郭嘉曾北行去见袁绍，对袁绍的谋臣辛评、郭图说："明智的人能审慎周到地衡量他的主人，所以凡有举措都很周全，从而可以立功扬名。袁公只想要仿效周公的礼贤下士，却不太知道使用人才的道理。思虑多端而缺乏要领，喜欢谋划而没有决断，要想和他共同拯救国家危难，建立称霸称王的大业，实在很难啊！"所以他只在袁绍那里停留了几十天，就果断地辞去了袁绍所任命的

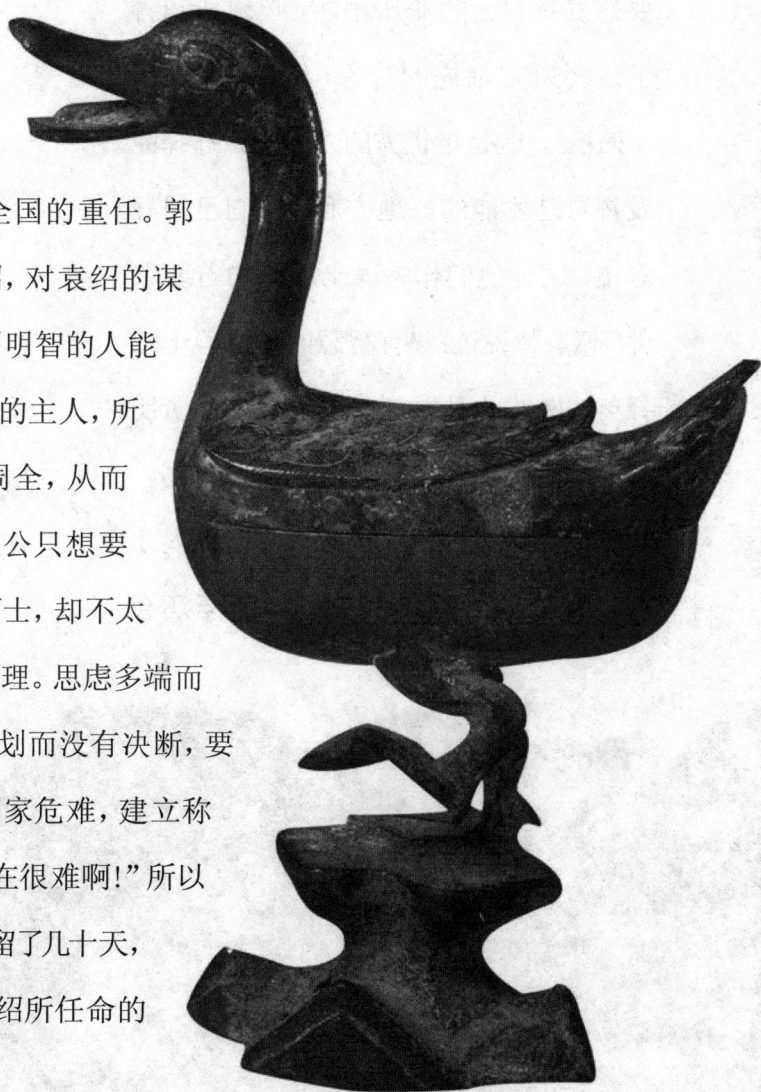

职务，毅然决然地离开了袁绍，辗转回到
家乡，等待时机以另寻明主。

　　在那样一个分裂动荡的年代里，郭
嘉作为一个拥有超人才能的文人谋士，
要想发挥自己的非凡才能，必须做到善
于选择所要辅佐的对象，所谓"良禽择
木而栖"，就是指优秀的人才应该选择能
发挥自己才能的好地方和善用自己的好
君主，这是他们作为谋士成功的首要条
件。郭嘉曾说过："有智慧的人要善于选
择英明威武的君主。"如果主人不是贤明
有道的治世明君，而是一个平庸、懦弱，
甚至愚蠢的人，那么，即使辅佐他的人才
智过人最终也必将无济于事，甚至还会

因主人的失败而招致杀身之祸。比如陈宫辅佐吕布后来被杀害，田丰追随袁绍，因谏阻袁绍征伐曹操而被袁绍下令监禁等都是如此。只有辅佐的对象英武有为，谋士的才干才能得以发挥，才能建功立业。比如后来周瑜之佐孙权，诸葛亮之辅刘备，都在历史上传为佳话。和郭嘉同郡的郭图，就因一味追随袁绍、袁谭父子，后因兵败而招致杀身之祸。类似的例子，历史上可谓不胜枚举，这既是士人的悲剧，也是时代的不幸。而作为谋略家的郭嘉，其高明之处，就在于他能准确地判定袁绍不过是徒有虚名，难以担当国家兴亡之重任，其失败的命运难以避免。

当郭嘉离开袁绍的时候，正在发展势力的曹操却有人才不足之感。此前，颍川著名谋士戏志才在曹操帐下效力，非常受器重。不幸，戏志才年纪轻轻就死去了。曹操给高参荀彧写信说："自从戏志才去世后，基本上没有能像戏志才那样可以与我谋略大事的人了。我听说汝、颍一带向来多出奇士，请问有谁可以继任戏志才的职务啊？"

郭嘉20岁左右时，正值东汉末天下大乱开始之时，他平时不与俗人应酬往来，暗中却很注意结交英雄豪杰。所以，

当时一般人还不知道他的才能，只有那些和他相识而又志趣相投的英俊之士，比如他的同乡荀彧和曹操帐中的谋士程昱等人，十分欣赏他的才华，他们便向曹操推荐了郭嘉。郭嘉与曹操两人初次见面，就纵论天下大势，探讨国家兴亡，畅谈治国用兵之道，十分投机默契。曹操是三国时期杰出的法家首领，在其统辖境内，法纪严明、人尽其才、生产恢复，一改东汉末年的黑暗混乱景象。郭嘉把袁绍统治的地区同曹操统治的地区作了对比，同时郭嘉对曹操的政治思想、军事韬略也很佩服，兴奋地对众人说："他才是我能够追随辅佐的真正主人啊！"曹操通过和郭嘉

议论天下大事，觉察这个青年人具有卓越的见识和才能，对郭嘉的尊法反儒思想和多谋善断的才能十分赞赏，也高兴地说："使我能完成统一大业的，必然是这个人！"于是，曹操后来上表汉献帝，任命郭嘉为司空军祭酒，郭嘉担任的司空军祭酒，即司空府下的军师祭酒，是参谋军事的官职。从此，郭嘉就做了曹操麾下的军事高参，为曹操呕心沥血地谋划军机，郭嘉最终成为曹操的高级幕僚。

当时的曹操，已经占据兖州，又迎汉献帝定都许昌，可谓是"挟天子以令诸侯"，取得了政治上的主动权。在建安元年（196年），曹操采纳了毛玠、枣祗等人的建议，在许下实行屯田制，收获粮食百万斛，为解决军粮供应问题提供了最基本的物质保障。当然，如果与袁绍相比，曹操占有的地盘相对狭小，兵马不足，势力较弱。而郭嘉能果断地放弃表面强大的袁绍，转而选择了当时势力相对弱小的曹操作为自己安身立命的君主，这就充分表现出了他深邃的政治眼光和果敢断练的卓越才干。

二、屡建奇功 平定中原

（一）潜心收容刘备

曹操自在兖、豫二州建立根据地以来，屡次征伐，对群雄展开各个击破的战略，以解除后顾之忧，以便将来与袁绍放手一搏。而当曹操讨伐徐州时，不料后院起火，兖州后方发生了叛乱。陈留太守张邈在陈宫的劝说下，迎战吕布，企图趁机夺占兖州。幸亏荀彧、程昱等坚守鄄城、范县、东阿三城，使得曹操尚且可以进退有据。曹操闻讯后，引兵回救，在定陶、巨野两次战役中，大败吕布，才安定了当时紧张的局面。吕布战败后，逃到徐州依附刘备，以后又袭取了刘备的下邳（今江苏邳县），自称徐州牧。

汉献帝建安元年(196年)冬，吕布见到刘备收集到万余名兵士，势力渐大，心中不安，亲自率军进攻刘备，刘备战败，丧失根据地之后，便率众来投奔曹操。如何对待前来投靠的刘备，便成为一个迫在眉睫的问题，就在曹操犹豫不决的时候，荀彧对曹操说："刘备有雄心壮志，现在不趁早解决他，日后必定会成为祸患。"曹操又去询问郭嘉，郭嘉说："除去刘备看似有道理。刘备胸怀雄才大略，志在天下，深得民心，关羽、张飞乃天下名将，与刘备情深义重，生死相

随。因此刘备肯定不会甘心久居他人之下。主公您以诛国贼、匡扶汉室为宗旨，但是您发动正义之师，是志在为天下百姓除残灭暴，大张旗鼓地招贤纳士，广罗人才，还恐怕他们不来。如今刘备有英雄之名，因走投无路来投靠您，您如果除掉他，就会背上杀害贤才的恶名。如此，则会使人人自危，另外择主，您还与谁去平定天下呢！为了除去一己之祸患，而使天下人失望，是关系今后安危的大计，这中间的利害关系，轻重缓急，不可不详细考虑啊。"听了郭嘉的一番话，曹操打消了疑虑，他收留并厚待刘备，上表朝廷，任命刘

备为豫州牧，增加刘备部下的军队，供给粮草。还让他向东进发，收集被打散的残部，以对付吕布。

郭嘉劝曹操收容刘备，虽然暂时笼络住了刘备，但曹操的处境并不是非常安全稳固。那个时候，南有袁术、刘表、孙策、张鲁，北有袁绍、公孙瓒，东有吕布，西有马腾、韩遂、张扬，兖、豫二州又处在四方战斗之地，曹操集团实在是四面受敌。曹操与他的谋士们，日夜分析形势，研究如何才能击破中原群雄。他们意

识到自己处于内线作战，又面临敌强我弱的不利态势；袁绍自然是最主要的敌人，而吕布却是最凶恶的敌人。于是，最终确定了"先弱后强，各个击破"的战略方针。

（二）急速东征吕布

建安三年（198年）秋，曹操决定东征吕布。对此，曹军内部曾有不同意见，一些将领认为刘表、张绣在后，远征吕布，只怕有危险。之前，曹操询问荀彧和郭嘉道："袁绍不义，我想出兵讨伐，但实力又恐不敌，该怎么办呢？"荀彧主张先打吕布，认为"不先攻取吕布，河北（指袁绍）也不能够攻取"。郭嘉也说："袁绍正在北方围攻公孙瓒，可以乘此机会，东取吕布。如不先消灭吕布，一旦袁绍来犯，吕布再出兵援助他，那就为患大矣。"另一位谋士荀攸也认为："吕布骁勇无比，又

依仗袁术帮助，如果任他纵横于淮水、泗水之间，一些豪杰一定会响应。现在乘他刚刚反叛之机，内部还众心不一，立刻前去攻打，必然能够成功。"

曹操采纳郭嘉的策略进攻吕布，曹军首战便攻破了吕布的重镇——彭城，俘获了彭城相侯楷，接着又攻至下邳，在下邳城郊和前来迎战的吕布交锋，打败了吕布的骑将成廉。广陵（今江苏扬州）

太守陈登背叛吕布，率领郡兵作为曹军的先锋。进抵下邳(今江苏邳县西南)。吕布屡次亲自出战，都大败而归，只好退守城池，不敢出战。曹军乘胜围城，写信劝吕布投降。吕布见曹军势大，心中害怕，想要投降。但谋士陈宫劝吕布率军出外截断曹军粮道，自己率众守城，等曹军粮尽，就可将其击溃。但吕布惑于妻子之言，担心城池失守，没有听从陈宫的建议。吕布派属官许记、王楷向袁术求救，袁术虽勉强答应，但只是动员军队，作为

吕布的声援。吕布恐怕袁术因为自己的女儿不去而不发兵，就用绢帛将女儿裹住，绑到马上，乘夜亲自送女儿出城，但遇到曹操围城的军兵，曹军弓弩齐发，吕布无法通过，只好又退回城中。河内（今河南武卧西南）太守张杨一向与吕布关系较好，想去援救，但兵力不足，只能出驻野王县（今河南沁阳）东市，遥作声援。十一月，张杨的部将杨丑杀死张杨，响应曹操，至此，吕布的外援全部断绝。曹操命部下挖掘堑壕围困下邳，时间拖得很久，军中士卒疲惫不堪，曹操打算撤军。夜晚，天昏地暗，郭嘉对曹操说："我们可以在北门少置兵力，故意让吕布知晓，他必定会从此门突围求援，然后在半路埋伏兵力，杀他个片甲不回。"曹操连声叫好，按郭嘉的谋划去布置。

不出郭嘉所料，吕布果然从北门杀出，率千余骑向袁术求救，到半路上被数倍曹军围困，只身逃回下邳，从此不敢再出城应战。曹操久攻不下，便想退军。郭嘉等人竭力劝说曹操继续攻城，郭嘉分析说："吕布虽然骁勇，但没有智谋。他现在三战皆败锐气已衰竭了，三军以将为主，主将没有锐气，则士兵更无斗志。另外，吕布虽有陈宫作谋士，但吕布刚愎自用，加上陈宫的主意一向来得慢，如今

正好乘吕布锐气尚未恢复，陈宫主意没有拿定之时，进军急攻。"

　　而疲师远征本为兵家大忌，大军屯坚城之下，若久攻不克，则尤为不利。现在，曹、吕两家都已疲惫不堪，谁能再坚持下去，谁就有获胜的希望。在这个关键时刻，听说曹操准备退兵，众谋士都非常焦急，荀攸力劝曹操万不可撤军。郭嘉紧接着说："过去项羽一生大小七十余

战，未曾败北，一朝失势于垓下，却身死国亡。其原因，就在于他依仗自己的骁勇善战，却少谋略。如今，吕布同样有勇无谋，而且连吃败仗，锐气早已衰竭，勇力已尽。吕布的威力远不及项羽，而困败的窘状却有过之而无不及，在此形势之下，若乘胜猛攻，则下邳一定可拔，吕布必将受擒。"

到了秋天，阴雨连绵，泗水、沂水都

涨满了。看到这一情况，经过实地勘察，荀攸、郭嘉又生一计：水攻。也就是挖泗水、沂水，淹灌下邳城，以水代兵。曹操正在一筹莫展之际，得此妙计，自然大喜，立即令士卒水攻。沂、泗河水，滚滚冲向下邳城。又过了一个来月，吕布更加急迫，在城上对曹军兵士说，你们不要再逼迫我，我要向明公自首。陈宫说，曹操不过是个逆贼，怎么配称明公，并指出现在投降，也保不住性命。吕布部将侯成丢失一匹好马，不久又找回来，诸将凑起礼物来向他祝贺。侯成设宴招待诸将，先分出酒肉献给吕布。吕布发怒说，我下令禁酒，而你们违令酿酒，是打算借喝酒来共同算计我吗？侯成又气又怕。十二月癸酉（二十四日），吕布的大将侯成、宋宪、魏续等人为了寻求生路，便发动兵变，绑了陈宫、高顺等率部投降曹操。吕布与余下亲信登上白门楼，曹军四面紧逼，吕布见大势已去，命令左右把他的人头砍下去投

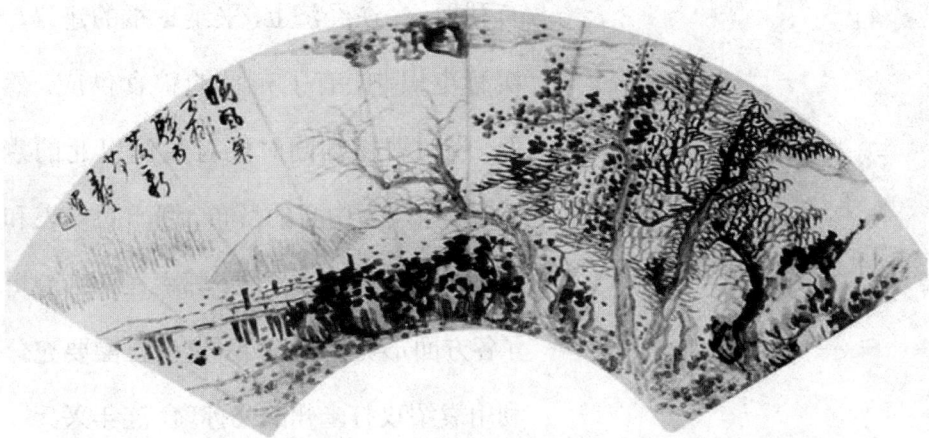

降曹操，左右不忍下手，吕布只好下楼投
降。

　　曹操在白门楼上召集文武官员，惩办
吕布。吕布这时还嫌把他绑得太紧，曹操
笑着说："缚虎不得不紧啊！"吕布又表
示愿降，向他求饶。曹操深恶吕布之反复
无常，就立刻斩杀了他。曹操又挥泪杀了
恩人陈宫，以礼收葬。至此，曹操便控制
了黄河以南的大片地区。

　　由此看来，郭嘉非常善于分析天下
形势，利用对方的矛盾，制订正确的战略
战术来战胜对方。曹操迎汉献帝到许昌，
在政治上，取得了"挟天子以令诸侯"的

有利地位；在经济上，采纳枣祗的建议，实行屯田制，有了充足的粮食供应。然而，当时曹操却同时面对黄河以北的袁绍、以徐州为中心的吕布、荆州的刘表和淮南的袁术，四面受敌。郭嘉在详细分析了各方面形势的情况下，建议曹操要充分利用袁绍攻打幽州的公孙瓒，连年兴兵；刘表坐守荆州不思进取；袁术僭号称帝，众叛亲离的大好时机，首先剪除割据于徐州一带的吕布势力。曹操采纳了他的建议，于198年出兵徐州，攻打吕布。曹军三战三胜，但吕布的军队在下邳一带顽强抵抗。由于曹军远道作战，相持经月

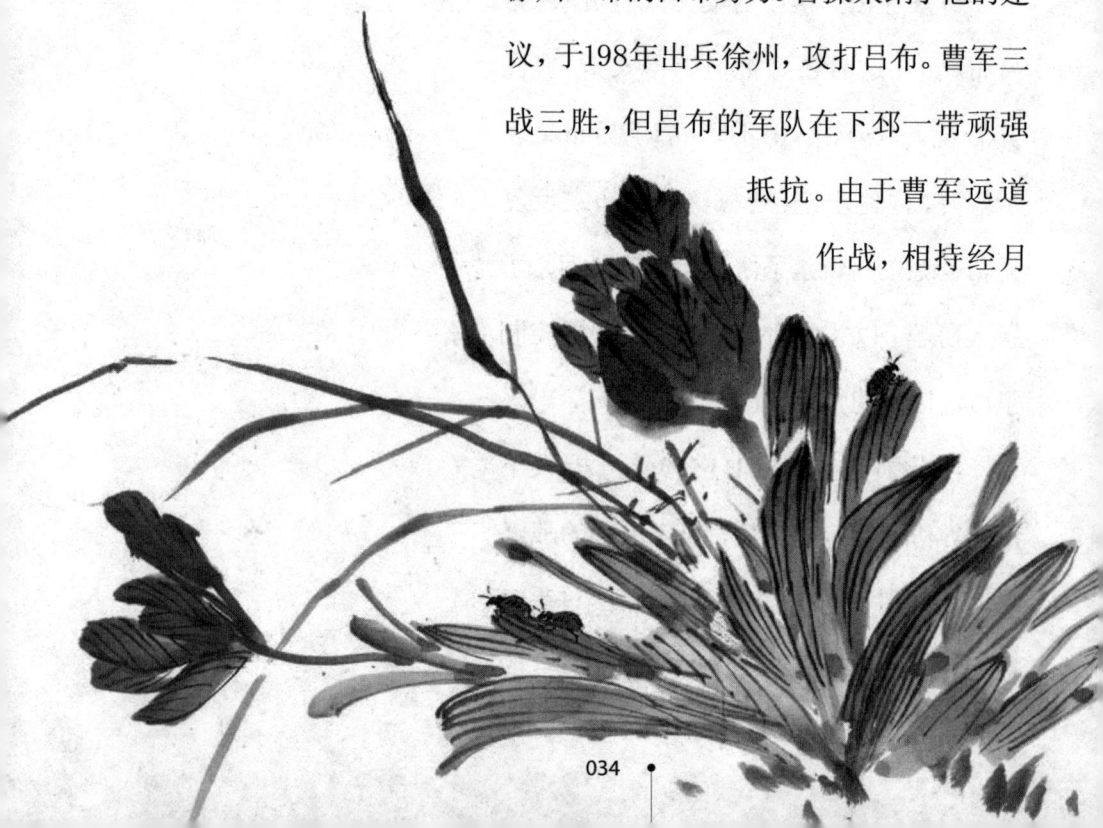

后，士卒疲惫，军需供应也有困难，曹操就想撤兵北归。郭嘉劝曹操：吕布同项羽一样有勇无谋，如今他每战必败，内无粮草，外无援兵。如果不趁机消灭他，一旦袁绍消灭公孙瓒后来支援吕布，会给主公的霸业酿成无穷的后患。然后又献计曹操，决沂水、泗水灌城，终于攻克了吕布的根据地徐州，吕布被诛，吕布割据势力土崩瓦解，黄淮地区(指黄河、淮河之间)纳入了曹操的势力范围。

郭嘉的分析，增强了曹操的信心，为曹操做出正确的战略决策提供了依据。曹操听从郭嘉等谋士的建议，乘袁绍进攻公孙朗之机，先消灭吕布，解除了自己的后顾之忧，然后用了两年多的时间，击败了袁绍、袁术、张绣等敌对势力，逐步由弱转强，为全力对付袁绍创造了有利条件。郭嘉其间追随曹操，屡出妙计，充分发挥了他作为高级参谋的辅佐作用。

三、巧论袁曹
足智多谋

（一）智论十胜十败

东汉献帝建安元年(196年)，曹操到洛阳迎接汉献帝迁都许县(今河南许昌市东)。从此，曹操把献帝控制在手中，形成"挟天子以令诸侯"的有利局面，开始了他扫除群雄、统一北方的进程。

而在当时，袁绍是曹操在北方最大的威胁。在官渡之战前，曹操一心想征伐

袁绍，但是当时袁绍已经火并公孙瓒，兵众十余万，准备进攻许都。曹操想出兵抵抗，又担心兵力不敌，就对郭嘉说："袁绍拥有冀州之兵众，青、并二州也跟从他，地广兵强，兵力不比我们少，我想发兵征讨，而力不能敌，该怎么办呢？"郭嘉于是向曹操陈述了自己的预见，只要以智胜，袁绍虽强，最终必为所擒。概括了曹操十胜而袁绍十败，使曹操信心十足，大喜过望。他说："您有十胜，袁有十败，兵虽强，也没有用处啊。"

十胜的第一条是"道胜"。袁绍繁文缛节，全是虚套；而曹操不拘小节，豁达大度，顺乎自然。道，孙武谓"令民与上同意也"，即为政治，是内部、外部的团结与巩固。孙武把"道"作为分析战争胜负的"五事"之首。这就是说曹操安定社会的措施，顺应自然规律；袁绍则扰乱天下，民不聊生，这就首先在"道"上取得了胜利。这是从总体上着眼，对曹、袁优劣的评价和估量。郭嘉以人性为第一要义，列为十胜之首，可以看出当时一些士人对人的天性的重视。在中国，天道自然的思想源于道家。到了东汉，作为王充的哲

学命题，已指出自然界的运动及发生发

展是自然而然的，没有外在的支配力量。

人的天性是自然的天性，理应顺乎自然。

人本身具有自然力、生命力，是能动的、

自由的自然存在物，各有其禀赋、能力、

情欲等等，人的本质是自然的、自由的。

所以，不应该用"繁礼"强加约束。性格

被束缚住了，天性的自然发展会受到抑

制，人的本质力量便得不到充分发挥，封

建时代的知识分子大都摆脱不了这种禁

锢。东汉末年，群雄并起，儒学独尊的局面受到冲击。在此情势之下，顺应人的本性，反对繁文缛节，为一些士人所重，以期施展才能，曹操和郭嘉便属于此类知识分子。所谓"体任自然"，就是按自然规律办事，充分发挥人的内在禀赋，不要被人为的礼仪所束缚。当时曹操采取了一些安定社会的措施，而袁绍却扰得民众不安，因而，郭嘉在分析曹、袁之优劣时，首先肯定了曹操的"道胜"。

第二条是"义胜"。袁绍倒行逆施，

而曹操顺应时代潮流，表率天下。即袁绍违背潮流而动，曹操能迎天子都许。袁绍师出无名，曹操可以奉汉献帝之名以令天下，名正而言顺，这就在"义"上胜过了袁绍。东汉末年，皇权衰败，朝纲不振，汉献帝不过是军阀手中的招牌和旗号而已。不过，话说回来，皇帝毕竟是封建政权的最高象征，是名义上天下的最高统治者。自春秋战国以来，意欲称霸天下的权臣枭雄，都懂得打着天子的旗号对于扩充政治军事势力的重要意义。建安元年（196年），曹操奉迎汉献帝立都许昌。从此，曹操常以朝廷天子的名义发号施令，堂而皇之，名正言顺地讨伐异己，以取得政治上的主动权。这里，郭嘉主要讲了曹操能挟天子以令诸侯，在当时，这可以说是最大的"义"。

第三条是"治胜"。汉末政失于宽，袁绍又以宽济宽，厚待豪强，使豪强擅乱侵扰，他在自己的辖区内，非但没有纠正汉末弊政，反而对豪强大族更加放纵，任令他们凌压百姓。豪强们为所欲为，广营

田地，下民贫弱，却要代出租赋，以至卖妻鬻子，也不足应命。袁绍谋士审配的宗族强大，竟招纳亡命，窝藏罪犯。因此，其统治区内阶级矛盾激化，因而他不能统治民众。曹操针对袁绍租赋繁重的弊端，免收河北当年租赋，打击豪强，百姓喜悦。

第四条是"度胜"。认为在用人问题上，袁绍外表宽怀内心猜忌，用人而疑人，只重用亲戚子弟，历史上的袁绍的确是个不善用人的军事集团首领，也是不识贤愚、刚愎自用之类人物的典型代表；而

曹操外表平易，但内心机变精明，用人不疑，不论亲疏远近，只要有才能就大用，这就在气度上胜过了袁绍。

　　第五条是"谋胜"。袁绍谋略不少但不决断，事后才醒悟；而曹操能看准就干，随机应变。也就是说袁绍遇事多谋不能断，常常错失良机；而曹操处理大事非常果断，善于随机应变，这就在谋略和决策方面超过了袁绍。

　　第六条是"德胜"。袁绍凭借世代名门的资本，大倡尊崇人才以博得好名声，

那些夸夸其谈的所谓人才都归向他；而
曹操能诚心待人才，不图虚名，以俭易作
风垂范下属，赏赐有功者不吝啬，有真才
实学的忠诚之士都归向他。因为袁绍依
仗出身大族，沽名钓誉，跟从他的都是一
些只务虚名而没有实际本领的人。而曹
操以仁义和诚心待人，自己严谨俭朴，赏
赐有功的人却慷慨大方，所以天下有才
能而讲求实效的人都愿辅佐曹操，这就
在德上胜过了袁绍。

第七条是"仁胜"。袁绍只看到眼前有人饥寒交迫，常把体恤之情表现在脸上，这只是妇人之仁罢了；而曹操对琐屑小事常常疏忽，对于军国大事思考得周详细致。曹操很重视发展生产、恢复经济、安定社会、惠泽下民。而袁绍放纵豪强、贪暴无比、民不堪命，却在些许小事上假仁假义。曹操的大施实惠于民，与袁绍的妇人之仁相比，大得民心。

第八条是"明胜"。袁绍的臣下争权

夺位，谣言诽谤不绝于耳；而曹操能驾驭群下，谗言诽谤行不通。袁绍出身官宦世家，听惯了阿谀奉承的话，偏爱身边谄媚之徒，言听计从，而不喜欢直言进谏的人，不愿采纳他们的意见。袁绍本人浮躁而无大度，必然导致手下智者窝里互斗，大臣争权夺利，智谋反成了自身的瓦解剂。袁绍又听信谗言，为谗言所蒙蔽，结果正直的智谋者反遭陷害，卑鄙小人却横行无忌。曹操用人有方，谗言不行，内部团结，这就在"明"上超过了袁绍。

第九条是"文胜"。袁绍不分是非；而曹操能明断是非，赏罚分明。袁绍不辨是非，简直把种种不明是非的事情做到了极点。对他帐下各谋士将领之间的明争暗斗不仅不加以阻止和批评，反而纵容之，所以才有许攸之变和高览、张郃的临阵叛变，直接葬送了他的家业。而曹操善于以礼和法治国，他以国法治下，以军法治军，很少有法外施恩的事情，所以有

曹操之马践踏了麦田，曹操割发代首的事情。虽然这也是曹操狡猾的表现，但也说明了曹操治下是严格依法办事的。

第十条是"武胜"。袁绍喜欢虚张声势，不知用兵机要；而曹操能以少胜多，用兵如神。袁绍不懂军机，却非常喜欢虚张声势；而曹操善于以少克众，用兵如神，具有杰出的军事才能，令敌人惊恐，这就在军事上胜过了袁绍。

郭嘉从道、义、治、度、谋、德、仁、明、文、武十个方面，把袁绍、曹操进行对比分析，得出袁绍十败、曹操十胜的结论，真是要言不烦，入木三分。曹操听了以后十分满意，笑着说："如卿所言，孤何德以堪之也。"这个精辟的分析，无疑坚定了曹操作战的信心。

（二）诡奇谋士郭嘉

曹操有很多谋士，都从不同角度分析过曹操相对于袁绍的优势，唯有郭嘉从道、义、治、度、谋、德、仁、明、文、武等十个方面，全面分析曹操、袁绍双方政治、经济、军事实力，人心向背、

个人气质、谋略才能等等领域的优劣，比其他谋士的分析更详尽、深入。曹操对郭嘉的分析大为赞同，坚定了战胜袁绍的信心。

同时，郭嘉经过全面而深刻的剖析，认为袁绍站在世家豪族立场，逆历史潮流而动，推行儒家的礼治路线；而曹操站在庶族即中小地主立场，顺应历史发展的趋势，推行法家的法治路线，袁、曹在政治、军事、用人、作风等方面的截然不同，正是两条根本路线对立的表现，由此得出了曹操"十胜"的结论，这是具有科学预见性的判定。郭嘉的"十胜论"在当时所起的作用是十分巨大的，它充分地论述了进步的法家一定能战胜儒家，进步的政治势力一定能打败腐朽的政治势力，从而粉碎了袁军不可战胜的神话，使曹魏集团树立了与袁绍进行决战的敢打必胜的信心。郭嘉能够精确地、科学地预见曹操"十胜"、袁绍"十败"，证明他的

确是一位高明的谋士，确实不愧为曹操第一谋士。

即使在以后的历史岁月里，郭嘉的这篇"十胜论"也给后人带来了很多可以思考的东西。因为他所做的已经不只是曹操和袁绍这两个人的对比了，用现在的观点来看，郭嘉所指出的这十个方面，包括了政治措施、政策法令、组织路线及各人的思想修养、心胸气量、性格、文韬武略等多种因素，这都是关涉事业成败兴衰的关键。让人不由得联想到一个权力经营者如果能做到这十胜，必将成为一方霸主或无敌于天下。我们不知道后来那些取得了辉煌成就的帝王将相们是否都看过了郭嘉的这"十胜论"，但这位封建时代智谋人物的这一理论概括，其中精义，即使在现在看来，不论是对从政者还是创业者，也依然值得参考和借鉴。

四、明察秋毫
预断孙亡

（一）孙策立国江东

三国时期，吴国雄踞江东，立国时间最长。吴国的基业，就是由少年才俊孙策开创的。

孙策，字伯符，吴郡富春（今浙江富阳）人，东汉熹平四年（175年）出生在当地一豪门大族。孙策的父亲孙坚，字文台，早年做过县令。黄巾大起义爆发后，孙坚率"乡里少年"和招募的丁壮一千多人，跟着右中郎将朱俊镇压起义军。由于作战有功，被提升为别部司马。后来，他又随车骑将军张温到凉州，进攻割据势力迈章、韩遂，回京后，拜为议郎。汉灵帝中平四年（187年），孙坚被朝廷委任为长沙太守。他先后镇压了长沙、零陵、桂阳三郡的农民起义，被封为乌桓侯。关东诸侯讨伐董卓时，孙坚也起兵北上，沿途征伐不断，实力渐增。他到鲁阳（今河南鲁山）会见袁术，袁术表奏他为破虏将军、豫州刺史。汉献帝初平三年（192年），袁术与刘表争夺荆州时，孙坚作为先

锋，打败刘表的大将黄祖，而在进围襄阳
时，却被黄祖的手下暗箭射死。

孙坚死时，孙策正在寿春（今安徽寿
县），年龄只有十七八岁。他年少才俊，喜
结交各方豪杰，胸怀复仇之志。汉献帝兴
平元年（194年）十二月，他前往江都（今
江苏扬州），求教于江淮名士张纮，询问
当时世务。他问张纮："现在东汉王朝的
皇权政治统治日益走向衰微，天下群雄
纷争不断……先君孙坚与袁术共同攻打
董卓，还没有取得成功，就为黄祖杀害
了。孙策虽然年纪还小，但已经心怀大志

了，自己打算先投奔袁术以索回先父旧
兵，再投奔舅父丹阳太守吴景，此后招募
流民，夺取吴、会稽二郡作为资本，向西
攻击刘表，报仇雪耻，将来作为朝廷的外
藩，你以为怎么样呢？"张纮向他讲述对
时局的意见："现在你效法袁绍的做法，
具有勇猛威武的名分，如果投兵丹阳，再
进军击败吴郡太守许贡，会稽太守王朗，
则荆州、襄阳可以攻破，也就可以报杀父

之仇了。占据长江，彰显自己的威严和品德，诛除乱臣贼子以匡辅汉室，功业可以与桓帝、文帝相媲美，怎么能只作为朝廷的外藩呢？只是现在世事纷乱，困难重重，如果功成事立，天下英豪将会聚集在孙氏政权的周围啊。"

孙策接受了张纮的意见，定下图取江东之计。兴平三年（195年），孙坚旧部朱治见袁术政德不立，亦劝孙策取江东，

创立基业。那时候，孙策的舅舅吴景进击
樊能、张英，一年多也未攻克。孙策乘机
向袁术献策："家有旧恩在东，愿帮助舅
舅吴景征讨横江；攻下横江，在本土招
募，可以得到三万兵士，作为辅佐支撑，
使你能够安定天下。"袁术对此非常感兴
趣，任命他为折冲校尉，率兵渡江。孙策
统率其父旧部程普、黄盖、韩当、朱治、
吕范等以及士兵千人东进。在寿春的宾
客蒋钦、周泰、陈武等带领几百人也随
孙策渡江，后周瑜也率兵迎接并动以资
粮。到历阳（今江苏和县）时，已包罗部众

五六千人。

孙策渡江后，在仅四年的时间里，驰骋疆场，东征西讨，先后削平江东割据势力，占有丹阳、吴郡、会稽、豫章、庐江、庐陵六郡，独霸江东，创建基业。其开国时间之迅速，大大超过曹操和刘备。时势造英雄，英雄亦造时势。孙策之所以成功，首先在于其战略决策英明，"乱世务边"的决策充分显示了其远见卓识和勇决果断的过人之处；其次，孙策善于笼络人心，"善于用人，是以士民见者，莫不尽心，乐为致死"；再次是军纪严明，所至鸡犬菜茹，一无所犯，故民心向之。当然，孙策用兵，"猛锐神速，所向皆破，莫敢当其锋"，亦即他所具有的大将素质、卓越的指挥才能，也是一个很重要的原因。他

自渡江以来，攻必克，战必胜，人闻孙郎来，莫不望风而靡。难怪袁术曾欣羡地感慨说："我如果能有孙郎这样的儿子，纵然死去，也没有什么可怨恨的了。"

孙策渡江开拓江东的第二年，拓地日广，实力强盛，羽翼渐丰，于是想脱离袁术而独立。他听到袁术在寿春欲称帝，遂与之绝交。建安二年（197年）正月，袁术称帝后，孙策遂采取北结曹操以抗击袁术的政策，与曹操结好，曹操封他为骑都尉，袭乌植侯，领会稽太守。后曹操闻知孙策平定江南，深感忧虑，但因无力分兵与之争锋，便只好眼看着孙策"转战千里，尽有江东"而无可奈何。

（二）预测孙策必死

建安五年（200年），曹操与袁绍在官渡对峙，后方空虚。孙策选择这个时机，确定了一个突然偷袭许昌以迎取汉献帝的作战计划。他部署好军队，临江待发。孙策转战千里，占据了全部江东地区，他听说曹操与袁绍在官渡相持不下，于是想要渡过长江向北袭击许昌。闻讯后，曹操集团的谋士将领们都感到非常害怕。

因为孙策骁勇善战，又有著名谋士周瑜辅佐，所以这对曹操来说无疑是个极大的威胁。然而郭嘉却有不同看法，认为孙策不会对曹军构成很大威胁，料定孙策此举难以成功。众人对此大惑不解。郭嘉解释并进而推测说："孙策刚刚吞并了江东，所诛杀的都是些英雄豪杰，这些人手下都有一些敢死忠诚之士，他们一定会替他们的主人报仇。但是孙策这个人轻佻而不善于预先防备，虽然他的部队有一百万人之多，却和他一个人来到中原没什么两样。如果有刺客伏击，那他就不过是一人之敌罢了。在我看来，孙策必定要死在一个平常的人手中。"

众人听了郭嘉的预言，仍然心有疑虑。信的是他的分析很有道理，疑的是孙策是否真的会死在一个平常的人手中。但不久，这个似乎令人难以置信的预测，却变成了历史的真实，因为后来孙策来到长江边上，还没有来得及渡江，就被许贡

的门客杀掉了。此事过后，大家都非常佩服郭嘉料事如神的才能。郭嘉及时地镇定了将士们的情绪，稳定了军心，鼓舞了战士们的士气。

原来，许贡担任吴郡太守时，曾上表汉帝，建议将孙策"召还京邑""若放于外必作世患"。孙策闻之大怒，遂率军南取钱塘（今浙江杭州附近），先使许贡无法与会稽王朗构成联盟，以相抗拒；然后再移兵北上，一举攻占吴郡，并绞杀了

许贡。许贡死后，有三个门客，常想寻找机会，为他们的主人报仇，但一直没有如愿。孙策平时极爱打猎，常轻装简从，外出射猎。手下多次劝谏他不要随意外出，孙策虽然认为这些意见很有道理，却又总是改不掉自己的习惯。关于孙策外出射猎的活动，《三国演义》描写道：

"一日，孙策引军会猎于丹徒之西山，赶超一大鹿，策纵马上山逐之。正赶之间，只见树林之内有三个人持枪带弓而立。策勒马问曰：'汝等何人？'答曰：'乃韩当军士也。在此射鹿方举。'策辔欲行,一人拈枪望策左腿便刺。策大惊,急取佩剑从马上砍去,剑刃忽坠,止存剑把在手。一人早拈弓搭箭射来,正中孙策面颊。策就拔面上箭,取弓回射放箭之人,应弦而倒。那一人举枪向孙策乱搠,大叫曰:'我等是许贡家客,特来为主人报仇!'策别无器械,只以弓拒之,且拒且走。二人死战不退。策身被数枪,马亦带伤。正危急之时,程普引数人至。孙策大叫:'杀贼!'程普引众齐上,将许贡家客砍为肉泥。看孙策时,血流满面,被伤至重,乃以刀

割袍，裹其伤处，救回吴会养病。"

当夜，孙策因伤重而卒，年仅26岁，由其弟孙权袭领部众。"然自非上智，无以知其死在何年也。今正以袭许年死，此盖事之偶合。"孙策之死被郭嘉言中，但他死在即将攻伐许都之时，也许出于偶然。所以裴松之为《三国志》作注时说："嘉料孙策轻佻，必死于匹夫之手，诚为明于见事。"

郭嘉可以预测孙策"必死于匹夫之

手"，这就表明他对于各个政治军事集团
有着深刻的了解，对其意图能明察秋毫，
对其主要人物的性格特点也了如指掌。作
为一个杰出的谋略家，郭嘉虽然身在曹
营忙于军务，但对孙策统治下的江东各种
势力的此消彼长和多种矛盾的发展趋势
却是成竹在胸。尤为难得的是，他能够极
为准确地分析、判断所掌握的材料，从而
做出异乎寻常的精确预见。

五、把握时机
智破袁氏

（一）预先东征刘备

当曹操和袁绍两大集团崛起之后，他们均有图王之志，因此，双方剑拔弩张，兵戎相见，已是势所难免。

早在初平元年（190年），袁绍就曾说过："我要南面据守黄河，北面控制燕代，再率河北将士，南向以争天下。"到建安四年（199年）六月，袁绍消灭了公孙瓒后，占有青、冀、并、幽四州之地，军队增至数十万人，势力更加强盛。他召集将领和谋士们研究作战方案，经过激烈的争论，最后接受郭图等人的意见，确定了"立即进攻，集中兵力，直捣许昌"的作战方针。遂选精兵十万，精骑万匹，胡骑八千，南下谋攻许昌。

起初，曹操对袁绍集团这个庞然大物还有些畏惧，怕消灭不了它，经过郭嘉向他分析双方优劣对比之后，曹操的愁容为之一扫，对袁绍作战的信心增强了。他对部下说："我知道袁绍的为人，袁绍他志向广大但缺乏智慧，表面上很有气魄而实际上是个胆小的人，他的威信并不高，他的兵士虽多却不够团结。"曹操手下兵士最初对袁绍出兵心存畏惧，经过曹操和荀彧等人的一番解释与鼓动之后，方才团结一致，满怀信心地去迎击敌人。当时，曹操调集精兵两万，进军黎阳，主动迎敌。哪知正当曹操部署对袁绍作战的

时候，原来依附曹操的刘备，杀徐州刺史车胄，自据徐、邳等地，起兵反曹，与袁绍遥相呼应。是时，东海郡及附近的郡、县大多归附刘备，军队增至几万人，声势颇为浩大。遇此意外，曹操意欲亲征以迅速打败刘备，以防两面受敌。

其实，曹操很早就已看出，将来与他争雄天下者必是刘备，所以他曾对刘备说过："普天之下能称得上英雄的，不过只有你刘备与我曹操罢了。"以前刘备失败前来投靠，他予以笼络。后来，刘备要领兵出击袁术，曹操也允许他离去。当时，郭嘉就曾牵马劝谏："放掉刘备，以后将有大的变故发生啊！"并且还说："纵然不杀刘备，也不应当让他走掉。"又引古语"一日纵敌，万世之患"为证。曹操

听后，大为懊悔，遂令许褚率兵追赶。结果，刘备如鱼入大海，鸟上青云，一去不复返，曹操"恨不用（郭）嘉之言"。如今，面临刘备的公然反叛，曹操感到非常后悔，但又不得不认真应对。

但是，曹操帐下的将领对此却并不理解。他们对曹操说："与您争天下的主要是袁绍，如今袁绍正率兵打过来，您却要放弃攻打袁绍，而去东征刘备。万一袁绍从背后乘虚而入，那可怎么办？"曹操解释说："刘备乃人中之杰，今不除之，必为后患。"

在这个关键时刻，郭嘉赞同曹操的意见，他说："袁绍生性迟疑，即便来攻，也不会迅速。刘备起兵不久，民心本附，力量又不大，迅速攻击，一定可以把他击败。这关系到生死存亡，可千万不

能失去啊!"于是,曹操下定决心,亲率精兵兼程东进,迅速攻破彭城、下邳,迫降了关羽。刘备全军溃败,妻子被俘,他只身逃往河北,投靠了袁绍。

东征刘备,应该说是官渡大战的一个前奏曲。对曹操来说,与袁绍决战在即,如果不迅速扑灭刘备的反叛势力,任其在心腹地区星火燎原,势必就要陷入腹背受敌的困境。大战之前,先肃清次敌,以巩固后方,实属高明之举。曹操在这个问题上,决策无疑是正确的。问题在于,诸将的意见也不无道理。因为对袁绍而言,刘备起兵之时,也正是他乘机猛攻

曹军的绝好时机。因此，曹操帐下将领的担心，便成为问题的关键所在。

当诸将表示反对时，连曹操也有些迟疑不决，便"疑"而问郭嘉。郭嘉的一席话，使人茅塞顿开。他就袁绍、刘备两方作了深入细致的分析：如果曹操东征，袁绍很可能先作壁上观，不会立刻进兵（后来事实果然如此），这当然最好；如果万一袁绍出兵，也"来必不速"，这是由其"性迟而多疑"所决定的，如此就给了曹操短暂的可资利用的宝贵时间。而关键在于，曹军在这短短的时间里，能迅速平叛取得胜利。如果东征长期进行下去，难以击败刘备，那么东征也就不可取了。而这一点又取决于曹、刘双方的实力对比。郭嘉对比了双方的兵力、战斗力、士气、民心之后，断言"急击之必败"，也完全符合军事学的基本规律。曹操听了他的分析，下定决心，终于获胜。反观袁绍一方，在曹操东征之时，谋士田丰建议袁绍："曹操与刘备正在交战，战事恐不能很快解决。公举兵袭击他的后方，可以一战而取得胜利。"田丰虽然错误地认为曹操无法迅速击败刘备，然而令曹操集团极为畏惧的却是乘虚出击。不料，袁绍却借口他儿子有病，未采纳田丰的建议，按兵不动。田丰闻此，"以杖击地曰：'遭此难遇之时，乃以婴儿之病，失此机会！

大势去矣，可痛惜哉！'跌足长叹而出"。

在这件事上，可以看出，郭嘉抓住良机，时刻把握事物错综复杂的运行情况与可能出现的各种变化，根据条件，不放过有利时机，这是谋士们不可缺少的智慧。时机往往只有一次，稍纵即逝，一去不返。人们常说的"机不可失，时不再来"，劝诫人们要善于抓住事物矛盾变化的枢纽，把握住重要的环节，善于随机应变。这需要有慧眼，在时机出现时发现并捕捉住它，而绝不能放过。

其实，在这一点上，郭嘉与田丰无

疑都具有这种慧眼。郭嘉称东征刘备是"存亡之机,不可失也",田丰说是"难遇之时……失此机会!大势去矣……",他们从不同的方面阐述了同一思想:时机千载难逢,极为可贵;能否抓住它,关系重大,影响深远。

发现时机固然重要,但最终还是要看能否把握住它。就这一点而言,郭嘉成功而田丰却失败了。此中深层原因在于,他们都是谋士,只有建议权而无决定权。他们都发现了时机,并指明了抓住时机的方法,但最终的决策者——曹操和袁绍,却一个采纳一个弃而不顾,因此导致了截然不同的结果。当然,世事多变,这就为人们提供了多种选择的可能。要抓住时机,就必须预见到事物最终发展的唯一趋势,排除其他的可能性,这样

自然会有冒险性，这也就更需要胆识和准确的预测判断能力。因此，预见性可以说是谋略家们必备的才能。在这一方面，田丰与郭嘉相比，便不免稍逊一筹。郭嘉预见到东征刘备，必能速胜，其间袁绍极可能不会出兵；即使出兵，因行动迟缓，也无关大局，后来事实都一一验证了其准确性。田丰的第一个错误是断言曹操不能速速战胜刘备，第二个错误是择主不明，虽有良谋，岂不知其主公的性格怎样？竟幻想袁绍会听纳自己的建议，这就难免要失败了。准确的预见性是建立在知己知彼的基础之上的，郭嘉对袁绍的了解与认识，似乎比田丰要深刻得多，这正是郭嘉取得成功的根源所在。

（二）官渡大败袁绍

　　击败刘备后，曹操迅速向官渡调兵。建安五年（200年）二月，袁绍进军黎阳，派颜良围攻白马，以保障主力渡河。曹操采用声东击西的作战方法，将袁军引诱至延津，接着他率军急赴白马解围。未行十余里，便与颜良相遇。颜良一见，大惊失色，只好仓促迎战。曹操令张辽、关羽先攻颜良。关羽一眼望见了颜良的麾盖，

策马如飞，直逼麾下，刺杀颜良于千军万马之中。袁军群龙无首，溃不成军，白马之围很快被解。

盛怒之下，袁绍下令全军渡河追击，命大将文丑率五千轻骑作为先锋。

这时，曹操已率兵马向官渡撤退。到了延津南坡，他下令让一部分骑兵解鞍放马，不多时，战马乱奔，器械满地。很快，文丑追了上来，见状以为曹军已经逃遁，便命令士兵收拾"战利品"。岂料，曹操一声令下，早已埋伏好的六百精卒，飞身上马，冲向袁军，势如破竹。袁军始料不及，一触即溃，大将文丑也成了刀下之鬼。

遭此惨败，袁绍自然不肯善罢甘休，令将士继续进攻，一直追到官渡，才安营扎寨。这时，曹军早已布好阵势，坚守营垒。袁绍令士兵在营外堆起土山，垒起高台，叫弓箭手在高台上居高临下向曹营放箭。曹军官兵只好用盾牌遮住身子，才能在营中行走。

曹操深虑这一被动状态，急召众谋臣商议，最后设计出一种霹雳车。这种车上装有机钮，扳动机钮，十几斤重的石头就可飞出三百多步。这样一来，袁军的高台被击

垮，弓箭手被打得头破血流，死伤无数。袁绍又让士兵在夜里偷偷挖地道，准备偷袭曹营。曹军发觉后，在兵营前挖了一条深深的长堑，切断了地道的出口，致使袁军的偷袭计划又失败了。

如此，两军对峙，相持数日，曹军兵少粮缺，士卒疲乏。曹操曾想放弃官渡，退守许昌。谋士荀彧写信劝说："现在军需供应虽然很少，但形势还是没有楚汉之争时在荥阳、成皋作战时严峻。那个时候刘邦、项羽都想首先退军，先退的士气定会减弱。曹公以袁绍十分之一的兵士，占据把守一地，扼制住敌方的咽喉要道使其不能够出入，已

经有半年的时间了。现在形势将会出现转折变化，这正是施展计谋的时机，不可以失去啊。"于是，曹操决心加强防守，苦撑危局，静观其变，以寻求战机。

果然，袁军内部不久后出现矛盾。谋士许攸给袁绍献计，让他趁许都空虚，派一队人马绕过官渡，偷袭许都。袁绍不听，固执地说："我应当首先把曹军攻下！"偏巧，许攸家人犯法，已被收监。许攸闻讯，顿时大怒，连夜投奔了曹操。曹操刚脱了靴子想睡，听说许攸来见，喜不自胜，跳足出迎。一见面，曹操抚掌笑说："你来了，我战胜袁绍大有希望了。"

许攸向曹操提供了袁军屯粮乌巢防备不严的情报，建议曹操出奇兵偷袭，烧其粮草。如果那样做，"用不了三天的时间，袁绍必定会大败"。曹操闻之甚喜，便马上采取行动。他留曹洪、荀攸守大营，自己亲率精锐步骑五千人，打着袁军的旗帜，夜晚悄悄从小路赶到乌巢。半夜抵达后，曹军围住粮囤，四面放火，把袁军粮草烧为乌有。

粮草被烧的消息传到前线，袁军尽皆慌乱不堪，军心大乱。大将张郃、高览临阵倒戈，率部投降了曹操。曹军乘势猛攻，分线出击，袁军四处逃散。袁绍和他的儿子袁谭连盔甲都来不及穿戴，便率领八百骑兵仓皇逃到河北。

官渡战败后，袁绍势力尚存，不料他本人却对胜败耿耿于怀，终于积郁成疾，于建安七年（202年）呕血而死。而实际上，袁氏集团仍有很强的实力。袁绍的小儿子袁尚占据邺城，统领袁绍旧部，袁谭、袁熙等仍然控制着黄河以北的大部分地区。

（三）巧平袁氏兄弟

袁绍的几个儿子不能同心协力，他们各自扩充实力。袁绍在世时，他们为了争夺嗣位，各自扩充实力，培植党羽，明争暗

斗。袁绍死后，审配假传袁绍遗命，奉袁
尚嗣位，袁谭自然心有怨言。袁尚也很疑
忌他大哥，拨给袁谭的兵力也就更少了。
袁尚又让逢纪跟从袁谭，名为辅佐，实则
监视。袁谭屡次要求增兵，袁尚与审配都
不予理睬。愤怒之下，袁谭便杀了逢纪，
如此一来，袁氏兄弟之间的矛盾，便迅速
尖锐激化起来。

　　官渡之战后，曹操让军队先休整了一
段时日，然后利用袁尚、袁谭之间矛盾冲
突加剧的有利时机，渡过黄河，北上征
伐。建安七年（202年）九月，曹军攻打屯
兵黎阳的袁谭，袁谭无力抵抗，情急无

奈，只好向袁尚告急求援。袁尚欲分兵助兄，又怕袁谭借兵不还，如果坐视不救，又怕黎阳有失于己不利，只好让审配据守邺城，自己亲率大军救援黎阳。次年二月，两军大战于黎阳城下，结果，袁谭、袁尚、袁熙、高斡（袁绍外甥）全部大败，放弃黎阳，退保邺城。这时曹操已占据了冀州的重要门户黎阳，为进一步消灭袁氏集团创造了有利的条件。

屡战屡捷之下，曹军诸将都想继续

乘胜追击，一举攻下邺城。就在将士们踌躇满志之时，郭嘉却出人意料地提出了一个全新的作战方案，那就是停止继续进攻，转而南征刘表。将士们对这一策略都感到迷惑不解，为什么不采取急攻策略，一举攻下邺城呢，免得以后夜长梦多，以防袁氏兄弟变得难以对付。

郭嘉跟随曹操打败了袁绍，在袁绍死后，又跟随曹操到黎阳讨伐袁谭、袁尚，接连几次战斗都打了胜仗。就在将领们想乘胜追击进攻袁氏兄弟时，郭嘉却很有把握地解释说："袁绍生前疼爱这两个儿子，而在死前又没有立嫡子。袁氏兄弟有郭图、逢纪二人作为谋臣，一定会互相争斗，互相周旋离间。若急速进攻，他们就会互相依恃；缓一缓之后，袁氏兄弟就会产生争斗之心。不如向南进军荆州，装出征讨刘表的样子，用以等待袁氏兄弟的变化，等到他们内部发生变乱后再进攻他们，便可以一举平定冀州。"曹操对郭嘉提出的消灭二袁的谋略连连称赞，于是曹军转而南征。当大军来到西平时，袁谭、袁尚两兄弟果然争夺起冀州来了。

事实证明，这的确是一个消灭袁氏兄弟最有效也是事半功倍的方案。然而在当时形势下，乘胜进攻并消灭二袁，似乎也是自然而然的事，而且也大概也会取得成功。但

是，袁氏兄弟占据的邺城在经过袁绍的多年经营之后，有了一定的稳固性，自然不可能被轻易攻破，更何况袁军还保有相当的实力。在这种情况下进行强攻硬拼，必然要付出很大代价，所以这并不是高明的作战方法。

听了郭嘉的解析，众人连声称是，曹操也欣然采纳。建安八年（203年）八月，曹操下令南征刘表。这时，荆州的刘表刚稳定了长江以南的长沙、零陵、桂阳三郡，正密切注视着中原局势的变化。曹军挥师南下，对刘表造成了强大的威慑，使他不敢轻易北上攻掠曹军辖地。这就足够了！因为曹操所要的，便是一个给袁氏兄弟想要看到的而实际上却是佯攻的效果。曹操退军后，留下贾信守黎阳，曹洪守官渡，自己回许昌；接着再南下，以装出进攻刘表的姿态。他虽然挥师南下，却是一步三回头，时刻注意着二袁的动静。当曹军开到西平（今河南西平县西）时，

便接到了袁谭派辛毗前来投降求救的消息。

　　郭嘉当时提出放弃进攻，待二袁火并，自相残杀，再一举两得的谋略，是建立在对袁氏政权内部矛盾深刻分析基础之上的，是非常高明的谋略。当时，二袁之间存有矛盾，如若急攻，二袁则共处灭亡之险境，必然会为免于灭亡而共同抗曹以求存；而如撤军，假装回军进攻刘表，二袁就没了外忧，内部矛盾上升，定会自相争斗。郭嘉这一谋略，真是一条绝妙的"动敌"之术。曹操于是在建安八年（203年）八月下令撤军，南征刘表。事态正如郭嘉所料，曹军南撤后，胆战心惊的袁谭、袁尚真是大喜过望，紧接着兄弟二人便开始了对冀州的争夺。袁谭以要追击曹军为借口，要袁尚给他的军队换些好的盔甲。袁尚不给，袁谭很生气，并在郭图、辛评的挑唆下，领兵攻打袁尚，结果大败而归。袁谭带领败军逃到平原（今山东平原县南），袁尚又领兵追踪而至，将平原团团围住，四面攻打。袁谭眼看邺城实难守住，又一筹莫展，只好听从郭图的建议，派辛评的弟弟辛毗向曹操请求投降和火速增援。

袁谭被打败，向曹操请降。曹操假装南征刘表，意在两袁。曹操见二袁果然火并，正如郭嘉所料，正中圈套，心中自然非常高兴，答应了袁谭的请求，出兵救

援袁谭，袁尚退守邺城。曹军于204年八月破邺城，攻占邺城后，曹操转而挥戈北进，在南皮攻打袁谭，平定了冀州，时年十二月又转手杀袁谭，然后，曹操北上进击幽州的袁熙、袁尚。郭嘉的谋略一步步顺利实现。这样，曹军便能够制敌，借敌人之手削弱敌人的实力，从而坐收渔人之利，这实在是一条不战而屈人之兵的奇谋妙计。

郭嘉提出的巧破袁氏兄弟的计策，是一个最有效的事半功倍的制胜计谋。在当时形势下，曹、袁两军大战，袁军一再败退，趁此时机，乘胜进军，消灭袁氏兄弟，一般的指挥者都会这样做。然而，郭嘉却出人意料地提出撤军南下、佯攻刘表的计策。众人迷惑不解，郭嘉却看得深远，他分析袁氏兄弟还具有相

当实力，如要硬攻，付出的代价是巨大的。与其直接进攻消灭，不如利用他们之间的矛盾，"坐山观虎斗"，以收渔人之利。事实确如郭嘉预料的那样，袁氏兄弟火并，曹操趁机消灭了他们。此计的高明之处就在于当敌人内部有矛盾，而矛盾又趋于激化时，没有急于攻击，而是静待它的发展变化。否则，会出现对方矛盾暂时缓和，联合起来共同对外的可能。故意后退一步，坐等对方矛盾激化，以至出现互

相残杀的变化，这才是消灭对手的绝好
机会。

曹操攻占冀州后，郭嘉提出建议，要
曹操召见当地的知名人士并委任以为官
吏。这一措施极大地笼络了青、冀、幽、
并等地的名士，非常有利于巩固曹操在
北方的统治，这可以说是一个极有见地
的深谋远虑。曹操也因郭嘉在平定袁氏
兄弟的斗争中的突出贡献而封郭嘉为洧
阳亭侯。

六、力排众议
远征乌桓

（一）分析远征形势

曹操平定河北后，首要问题便是征讨乌桓了。

东汉时期，在今辽河流域、河北和山西的北部直至内蒙地区，散居着乌桓人。乌桓亦作乌丸，是我国北方一个以游牧射猎为生的少数民族。其中居住在辽西、辽东、右北平三郡的乌桓人势力最强，被称为三郡乌桓。东汉末年，乌桓的势力逐渐强大起来，尤以辽西单于蹋顿最为强悍。中原混战，乌桓的奴隶主贵族经常乘机向汉族人民进行侵扰。袁绍占据幽州时，曾用东汉朝廷的名义封三郡乌桓的首领为单于，并把本家的女儿嫁给他们当妻子，妄图勾结乌桓的奴隶主贵族来巩固他在中原地区的割据势力。所以，当袁绍集团的残余势力丧失了割据地盘以后，就在袁尚、袁熙的率领下逃向三郡乌桓去了。袁绍集团的残余势力与乌桓奴隶主贵族势力的结合，无疑对曹操巩固大体上已经完成的北方统一局面是一个巨大的威胁。

为了清除袁氏残余势力，统一北方，曹操准备远征乌桓。

远征乌桓却并非轻而易取。当时，刘备正依附荆州的刘表，一直在劝说刘表讨伐曹操。如果刘表在曹军远征乌桓时，趁机起兵进攻后防空虚的许昌，那后果

将非常严重。曹操对此也相当慎重，召集手下文臣武将广泛讨论。诸将均不赞同，他们认为："袁氏兄弟，只不过是亡命之人，根本不足为虑。夷狄贪而无亲，乌桓又岂能为袁尚所用？如果大军远征，深入乌桓地区，刘备必然劝说荆州的刘表趁机袭击许都。一旦发生变故，到那时后悔可就来不及了。"

当曹操提出讨伐乌桓时，他的大部分将领都不同意，认为袁尚、袁熙败逃，大势已去，乌桓的奴隶主贵族绝不会听从他们而动用兵力。若远征乌桓，在荆州的刘备必然怂恿刘表乘机袭击许昌，后果将不堪设想。就在众人反对之下，郭嘉又提出不同于他人的见解，他指出："曹公您虽然威震天下，胡人却自恃地处偏

远，一定不设防。趁乌桓自恃远离中原，在军事上没有准备，突然对其进行征伐，有把握取得胜利。袁绍集团虽然大势已去，但袁尚、袁熙人还在，卷土重来的贼心不死，如果不乘胜追击，予以彻底歼灭，他们必然要和乌桓奴隶主贵族乘机侵扰幽、冀、并、青等州。而幽、冀、并、青四州的百姓仅仅是因为惧怕您的兵威而依附您，您还没有向他们施以恩德，放弃而南征刘表，袁尚利用乌桓的资助，招集那些能为主子而死的忠臣，胡人一动，

百姓和少数民族一起响应，从而使蹋顿萌生野心，实现他们非分的企图和计划，恐怕青州、冀州就不归我们所有了。"至于荆州的刘表，郭嘉鄙夷地指出："刘表不过是个坐在那谈天的说客罢了，他自知自己的才能不如刘备，也难以控制住刘备。他疑忌刘备，绝不会重用刘备来袭击许昌。如不重用刘备，刘备也绝对不肯真心实意为他出力。他们之间这种复杂而微妙的关系，决定了他们不会有什么大的作为。因此，即使您全力远征，国内空虚，也用不着忧虑，因为刘表也不会有什么大的举动。"郭嘉主张彻底消灭袁绍集团残余势力的战略方针，无疑是正确的。曹操听罢茅塞顿开，完全同意郭嘉的分析，郭嘉算是看清楚了刘表的为人和刘备的野心，断定刘表不仅不会出兵，而且还会牵制住刘备，而事实果然如他所料。而郭嘉关于荆州刘表不会对曹军构成威胁的预断，更使曹操集团文武大员们放下心来。建安十二年（207年）二月，曹军开始北征。

（二）制定远征策略

五月，大军到达易县（今河北雄县西北），郭嘉又提出了远征乌桓的具体策略和战术。

在进军途中，他觉察曹军行动迟缓，郭嘉便马上对曹操说："兵贵神速。如今从千里之外袭击敌人，辎重繁多，难以急

速顺利地前进，如果被他们知道了，一定会有所防备；不如留下辎重车辆，轻兵出发加倍赶路，乘其不备进行袭击，打敌人个措手不及。"曹操采纳了郭嘉的这个意见，秘密地带兵从卢龙塞出发，直指单于庭。曹军轻装前进，选择乌桓放松戒备的小道，悄然越过卢龙塞（今河北青峰口），跨过白檀（今河北宽城），经平冈（个湖北平泉），穿鲜卑庭，直逼柳城（今辽宁朝阳南）。经过五百多里艰险的山谷地带，直捣三郡乌桓奴隶主贵族的老巢柳城。当曹军到达白狼堆时，因为距离蹋顿的大本营柳城仅仅有二百多里路了，乌桓才得知曹军前来的消息，袁尚、袁熙和乌桓单于蹋顿以及辽西单于楼班、右北平单于乌延等，匆忙带领数

万骑兵前来迎战。曹操登上了白狼山，双方兵马奋力拼杀。曹军虽装备轻简，人数不多，但准备很充分。乌桓骑兵看似来势凶猛，士气旺盛，却终归是仓促应战，军心难免不稳。曹操令张辽为先锋，纵兵大击。敌军各部协调混乱，溃不成军，结果被打得落花流水。曹军大胜，蹋顿单于被斩，乌桓及汉卒降者二十多万人。

袁尚、袁熙兄弟和辽东单于乌丸战败后，率数千骑兵投奔辽东公孙康去了。曹操的部将都要求当即发兵攻击。曹操却说："何须劳动兵马？我要让公孙康将袁氏兄弟的首级送来。"果然，不久，公孙康送来了袁尚、袁熙的首级。

原来，袁尚他们到达辽东后，打算夺取公孙康的兵马。袁尚为人有勇力，对袁熙说："今天到后，公孙康定来相见，我们兄弟当场杀掉他，占据辽东，还可以东山再起。"哪知，公孙康也在算计他们："现在不杀袁熙、袁尚，如何向国家交代？"于是，他事先在马房埋伏下精勇士卒，然后派人去请二袁。袁尚兄弟一到，伏兵一起出动，当场将二人擒获绑缚，放在寒冷的地上。到了这个时候，袁尚耐不住冻，向公孙康要席子。袁熙长叹说："头颅可以带着行走万里，哪里还用得着席子？"二

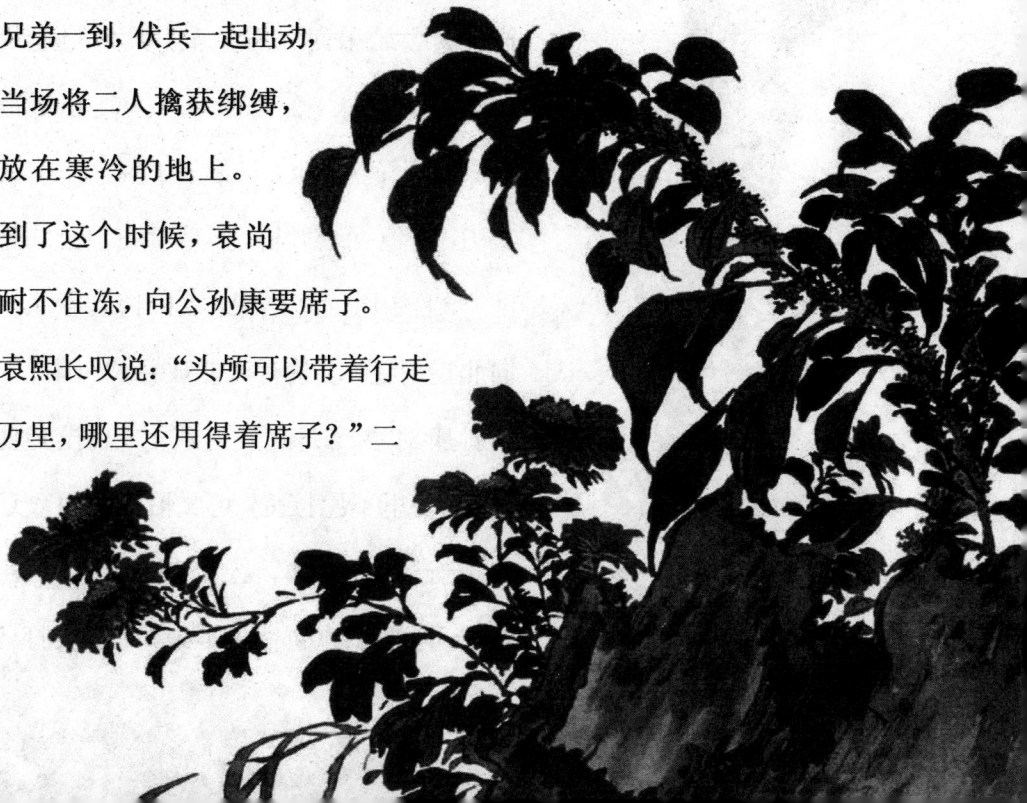

袁被斩首，他们的头颅被送给了曹操。这时，曹操基本上统一了北方。

郭嘉在远征乌桓的战争中，始终力排众议，纵论天下大势，见解深刻而独到，分析透彻，令人折服，促使曹操作出远征的决定。出征之后，他又及时提出"兵贵神速""轻兵兼道以出，掩其不意"的战略方案，使得这次远征很快取得了全面的胜利。

曹操经过官渡之战后，实力增强，袁尚、袁熙兄弟向北逃入乌桓，依附于辽东太守公孙康。公孙康自认为辽东远离中原，天高皇帝远，已形成了割据一方的势力，令他利令智昏。但他仍有自己的想法：一旦中原混战结束，袁氏掉转矛头，向北指向辽东，就有可能被吞并。因此，公孙康对袁氏充满戒备。当二袁投奔他时，从心里不愿接受。可又怕曹操急攻辽东，自己势单力薄，无力对抗。出于自身考虑，才把二袁暂留了下来。曹操攻打乌

桓，一路势如破竹，进逼辽东，乘

胜攻破公孙康、活捉袁氏兄弟，是顺理

成章的事情。然而，曹操竟将矛头掉转，

班师回防。这里，曹操采取了"缓攻则相

图"的谋略。他是这样分析的，如果乘胜

攻打二袁，本来就畏惧曹操北上的公孙

康与二袁的目标就会一致，就有可能联

合起来，对付曹军，于己不利。而采取缓

攻，公孙康与二袁之间的矛盾就会显露

出来，他们之间相斗，反而对曹军有利。

此举，无形中又给公孙康吃了一颗定心

丸，他马上意识到应该除掉二袁以讨好

曹操，作为对曹操撤退的回报。正像曹操

预料的那样，没过几天，二袁的首级就

送到了曹军营中。曹操既达到了"缓攻相

图"的目的，又避免了"急攻并力"所带来的不利。曹操缓攻除二袁的故事，说明了在各种矛盾错综交叉的复杂关系中，要战胜其中的一个对手，就要善于利用他们之间的矛盾；还要采取一定的手段，以强大的实力作后盾，以势压敌。否则，其对手就合成为困兽，而攻会结成联盟，形成合力，一致反抗。此计由军事斗争运用推及外交领域，颇能收到事半功倍之效，成为一个高明而又灵活的外交谋略。

曹操此次作战，历时近一个月，行程四百余公里，其中包括无数的山河险阻，难行之地，解除了"三郡乌桓"对中国北部的威胁，扫清了袁氏的残余势力，彻底统一了河北。并且收编乌桓精骑，增强了自己的军事实力。总之，在此战中，曹操根据郭嘉的计策彻底平定了北方，基本上统一了整个黄河流域以北地区。郭嘉自始至终出奇制胜谋立大功，为曹操在北方的崛起发挥了其作为智囊团的重要作用。

七、风华正茂
英年早逝

（一）郭嘉不幸病死

在远征乌桓的进军途中，由于水土不服、气候恶劣而致使郭嘉卧病车上。等到他跟随曹操出征归来后，又因操劳过度，病情加重。曹操一再派从人询问病情，对他关怀备至。不料，如此才华横溢、风华正茂的谋士，竟然在建安十二年（207年）底，一病不起，与世长辞了。就这样，一个旷世奇才如同流星一般陨落了。

　　郭嘉博学多闻，富于谋略，洞察事情物理。曹操说："只有奉孝才能了解我的心意。"38岁时，郭嘉从柳城回到许都，病得很重，曹操派去询问郭嘉病情的人一个接一个。也就在郭嘉38岁，恰逢英年有为之时，他却离开了人世，实在令人痛惜！在郭嘉死后，曹操亲临郭嘉的丧事，非常悲痛，对荀攸等人说："诸君的年纪

都跟我是一个辈分，只有奉孝最年轻。天下大事完成后，想把后事托付给他，而他却中年夭折，难道是命该如此吗？"

这也难怪，此时恰逢曹操北征乌桓胜利返回，踌躇满志，正欲挥兵南下，一举统一中国之时，他正非常需要像郭嘉这样运筹帷幄决胜千里的智囊谋臣。而郭嘉在此时竟意外离他而去，这对曹操的雄心伟业的确是一个沉重的打击。恰在郭嘉去世后不久，建安十三年（208年），曹操和孙、刘联军大战于赤壁，遭火攻后，大败而回，路上曾感慨地说：

"郭奉孝如果还活着，一定不会使我遭此惨败。"从曹操的这番话可以看出，郭嘉是曹魏集团中一个举足轻重的人物，是在赤壁之战以前佐助曹操大体完成北方统一的重要助手。曹操失去郭嘉的有力辅佐，在赤壁之战中遭遇到了平生以来最大的政治失败和军事失败。

后来在写给荀彧的书信中，曹操又追念郭嘉说："郭奉孝年不满四十岁，随从我征战十一年，历经艰难险阻，大家都同甘共苦。因他足智多谋，通达事理，天下大事完成后，想把后事托付给他，而他却中年夭折，早早地离我而去，这在感情上怎么能让我接受呢？奉孝是最了解我的人，而天下真正相知的人并不多，因此更加让我感到痛惜。可是，这又有什么办法呢！"随后曹操又向汉献帝上书，请求给郭嘉追增封赏，表文说："军祭酒郭嘉，随我征战有十一年。每当有重大决策事宜，能临敌随机应变。我的决策还未作出，郭嘉往往已经谋划成熟。在平定天下的大业中，郭嘉参与谋略的功绩很高。不幸英年

早逝，远大的事业尚未完成。追思郭嘉的功勋，实在不可忘却。可以增加他的封邑八百户，连同以前所有，共一千户。"

曹操不止一次地表示，欲将自己身后大事托交给郭嘉，他对郭嘉的重视和信赖程度由此可见一斑。曹操对郭嘉的忠诚与才干进行了由衷而热情的赞扬，对郭嘉的英年早逝表示深切的悼念。汉献帝阅过表文后，追赐郭嘉为贞侯，由他的儿子郭奕继承。

（二）总评谋士郭嘉

在曹操的智囊团中，郭嘉是一位年轻而又活跃的人物。郭嘉性格开朗、豪放，甚至不拘小节。陈群就曾多次向曹操诉说郭嘉行为不拘礼节，但郭嘉却不为所动，依然我行我素，不予计较，曹操因此而更加看重他。郭嘉才华横溢，锋芒外露，又不拘小节，按理来说，应该会招人忌怨。但事实却恰好相反！这主要是因为他很善于处理人际

关系，与同僚能和睦相处，荣辱与共。尤其是同主帅曹操的关系相当融洽，达到了"行同骑乘，坐共幄席"的程度，被曹操视为最能交心的知己。与曹操这样广有权谋的人物共事，时刻存在着危险，有很多名臣谋士被曹操处死。而郭嘉同曹操的关系之所以能几乎达到了水乳交融的境界，一方面大概是郭嘉对于曹氏大业的重要性所决定，另一方面也是他通达圆和，善于处理人际关系的结果，这也是他作为杰出的谋略家所具有的另外一个侧面特征。令曹操最念念不忘的是郭嘉的忠诚和才干，因为自从弃袁投曹以来，郭嘉一直对曹氏集团忠心耿耿，可谓有目共睹。曹操追念痛惜郭奉孝，总是不能忘怀。

曹操每次出征，郭嘉几乎都是随从参谋军机，行军时与曹操

并肩而行，议事时也是和曹操同席而坐。每逢军国大事议论纷纷时，郭嘉的计策总是正确的，并且他的策略从无失算，真正达到了算无遗策。郭嘉向不遵守礼法，而以其超群的智谋被曹操重用，也只有曹操这种雄才大略，才敢于使用郭嘉这类藐视礼法的人，并把小己二十多岁的郭嘉引为"知己"。因此，曹操一直对他的忠贤、忠良铭记在心，说他为人忠厚诚恳，一心想要建功立业，奉事上级的心竟

是这样，怎能使人忘掉他啊！而郭嘉的智谋、才能，也令曹操非常欣赏。曹操称郭嘉"算无遗策"，每当有重大决策事宜，能临敌随机应变。曹操的决策还未作出，郭嘉往往已经谋划成熟。在平定天下的大业中，郭嘉参与谋略的功绩很高。又说郭嘉对于人事时势兵事的看法，远远超过一般人。能令曹操这位不同寻常的政治家赞叹不绝，更可见郭嘉智谋实在卓绝不凡。郭嘉的忠与能，不但令曹操钦服，也给后人留下了深刻的印象。

三国时代，英雄谋士辈出，其中郭奉孝，这位曹操帐下最年轻的智者，同时也是最诡奇的谋士。在郭嘉追随曹操十一年的戎马生涯中，他为曹操东征西讨贡献了相当多的谋略，通过这些谋略我们虽然无法肯定他是否饱读兵书，但我们能肯定的是，他所贡献的计策，每一条都出人意外，每一条都有可能带来巨大的危险，每一条都取决于敌手的心理状态

是否严格遵循他的调度。郭嘉是曹操最喜爱也是最得力的谋士，其深具通晓事理、足智多谋的资质。郭嘉作为曹操帐下最年轻的谋士，他尽心竭力为曹操运筹帷幄十一载，为曹操统一北方的大业立下了不朽的功勋，为社会历史的发展与进步做出了重要贡献。郭嘉年轻有为，不但具有弃暗投明的智慧，而且可以纵览天下形势，知己知彼，有预见事态发展之神机妙算，可以说是算无遗策。他不仅善于利用矛盾牵制打击敌人，胸有奇谋妙策，而且高屋建瓴，目光深邃，具有高超的战略意识。郭嘉不仅仅是东汉末年曹操麾下的著名谋士，而且也以他在政治斗争和军事斗争中所显露的高超艺术，在历史智慧宝库中留下了浓墨重彩的一笔。